悼

私の見た東日本大震災

森田伸治

協力／スタジオ ひろ

2011/04/16

2011.04.15

12年前の記録

伊丹で写真館を長く営んできた私にとって、もしかするとそれは職業的な使命感であったかもしれません。
2011年3月11日の東日本大震災――このニュースを見てからの私は、一刻も早く被災地入りしなければという思いが募るばかりでした。改めて手帳で確認すると、冠水被害を受けた仙台空港が使用再開となったのは4月13日（伊丹－仙台空港の直行便が1日6便）、私が伊丹空港から仙台空港に降り立ったのが4月15日なので、再開からわずか2日後ということになります。いまから12年も前の話になりますが、当時のことははっきりと覚えています。とるものもとりあえず、まずは向かったのです。

戦時中生まれの私は、考えるよりも先にまず行動する、という自分に思い当たるところがあります。戦争が色濃くなった当時、先行疎開者を呼びかける声に、私は真っ先に呼応しました。渋る両親を説得して、躊躇する周りの人がいる中で手をあげた、やや無謀とも思える行動規範の源は、おそらく本能的なものです。
1995年の阪神淡路大震災の際には、やはりカメラを抱えて現地に駆けつけました。
好奇心とか、野次馬精神とか、そんな有り体のものではない、何か。それはきっと、私の生業となった「写真」というものに密接に結びついているような気もします。

現地に到着すると、レンタカーはもちろんタクシーもつかまらない中、運よく個人タクシーの運転手さんと出会い、お願いして専属で案内してもらうことになりました。
仙台を拠点として、上（東）へ、下（西）へ。
そこで見た光景――。

私は写真屋です。言葉にしたい想いは多くありますが、やはりモノ言わぬ写真こそが私の想いを雄弁に、代弁してくれているように思います。

私は小さな手帳に日々の出来事を日記のようにメモをとる習慣があります。それが、はたと止まったのが2015年11月。妻が病気で入院することになった日です。この日を境に、私の東北地方への旅は終わりとなりましたが、それまで、仙台空港へ向かう機中の人となった回数は両手の指では足りません。

2011年10月、知人の勧めで震災写真の小さな個展を開催。その後、撮りためた写真を写真集にまとめようと話を進めたことがありましたが、頓挫。

2015年と前後して私は脳梗塞で倒れ（3度）、妻は亡くなり、私は現在、長女家族のもとで世話になり、週に3度リハビリに通う身です。自宅もいまは空き家となり、たまに戻っては整理や片付けなどをしていると、かつて撮った震災写真が多く出てきて、どうしたものかと考え、このたび改めて写真集を編んでみることを決心しました。

震災から12年後にもなってというよりも、12年がたったからこそまとめようと思った、というのが正直な気持ちに近いです。

2015年11月で、私の手帳（そして、東北への旅）が突然終わってしまったように、2011年3月に唐突に終わってしまったものがあります。

人の記憶はだんだんに薄れていくものです。現在でも震災の影響を受け、失意のまま暮らす人がいますが、多くの人の記憶は遠のくばかりです。

かつて、こんなことがあった。

手元に残った記録を、12年後にまとめました。

2011.04.15

CANTER
88-50

上左／運よく親しくなった個人タクシーの運転手氏。
上右 ／ニューヨークから来たというカメラマンと出会った（名取市）。

2011.04.15

2011.04.15

通行用に道路だけが先に整備された。

確かに目の前にしてシャッターを切ったのだが、本当に現実だったのか、と疑うばかりの光景。

第三明神丸
宮城県女川町
MYOJINMARU No3
2011/04/16

2011/04/16

2011/04/16

MGI-1900
MGI-1900

第六安洋丸
MARU №6
2011/04/16

2011/04/16

気船 タクシー
TEL 22-1234
2011.04.16

錦町倉庫
コスモ
2011.04.16

2011/04/16

2011/04/16

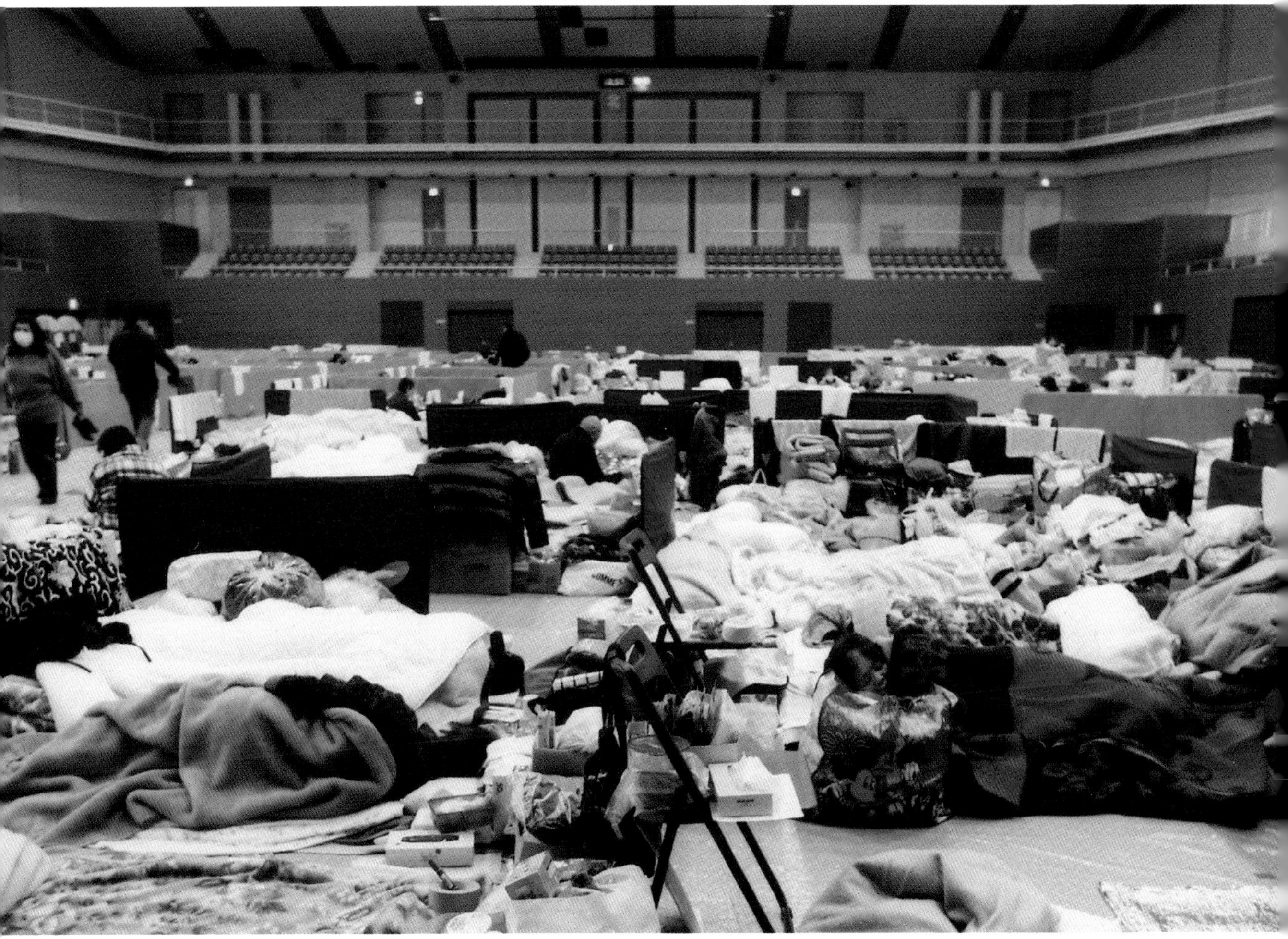

誰かが起き上がらせたのだろうか。ゑびすさんが瓦礫の中でほとんど無傷で残されていた。

柏馬
2011/04/17

右下がえぐり取られた建物。津波が通りすぎた後、ということがはっきりとわかる。

2011/04/17

2011/04/17

2011/04/17

2011/04/17

2011/04/17

2011/04/17

JA324J
2011/04/17

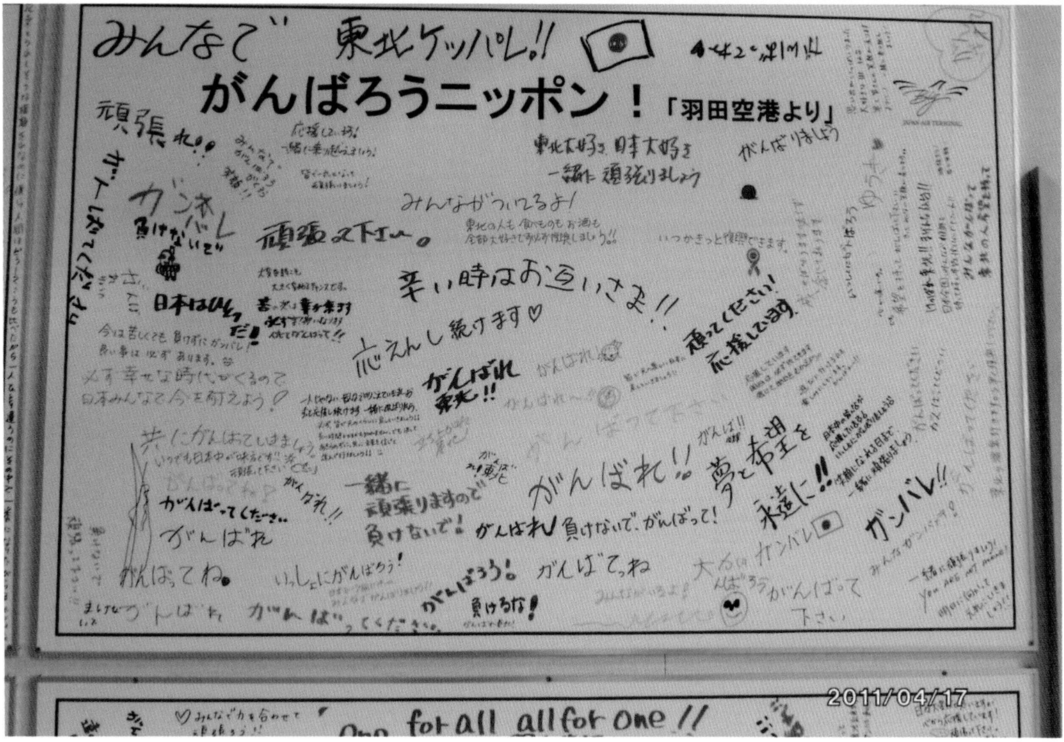

上／いち早く復旧した仙台空港。
下／羽田空港から届けられたメッセージが飾られていた。

2011/04/17

2011/04/25

生鮮市場
がんばえや
2011/04/25

2011/04/25

2011/04/25

13
保税上
2011/04/25

2011/04/25

女川サプリメント
TEL0225-54-3046
2011/04/25

2011/04/25

2011/04/25

2011/04/25

ガソリンスタンドの中にまで住宅が流されていた。

下／明神社（石巻市）。これほどの被害に遭ったにもかかわらず、桜は咲いていた。半壊したこの場所はもともと地域の避難所に指定されていた。

甚大な被害を被った幼稚園（石巻市）。園児は全員無事だったとのこと。

トイレ

2011/04/25

2011/04/25

2011/04/26

2011/04/25

2011/04/26

2011/04/26

2011/05/09

2011/05/09

2011/05/09

2011/05/09

2011/05/09

2011/05/09

第十回大会 第三位 湊浜子ども

2011/05/10

2011/05/10

2011/05/10

2011/05/10

2011/05/16

2011/05/16

571
572
2011/05/16

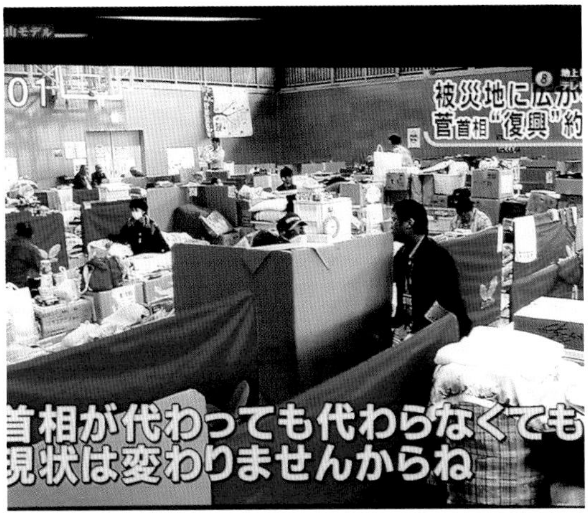

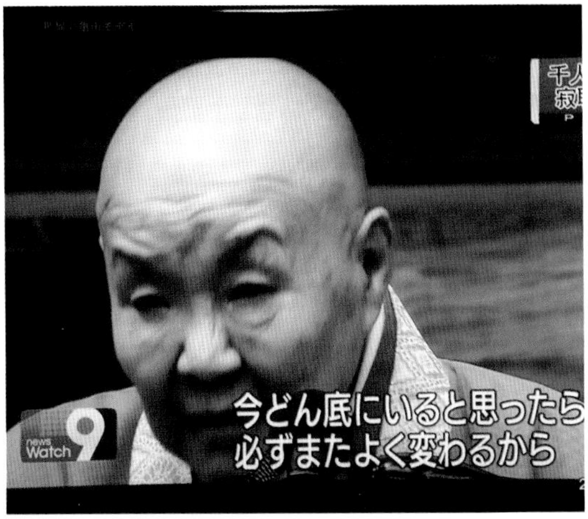

濱口梧陵という人がいる。1854年に起きた安政南海地震津波の際、祭りの準備に追われる村人たちが、津波に気づかないでいるのを、自身の稲に火をはなつことで知らせ、人々を救った。小泉八雲（ラフカディオ・ハーン）によって紹介された「稲むらの火（原題 A Living God)」で知られる三重県の人物である。
「天災は忘れた頃にやってくる」というのは科学者である寺田寅彦の言葉だが、いまや世界各国で地震は頻発して、忘れようが忘れまいがやってくる。
あれほどの衝撃を受けた東日本大震災でさえ遠のくばかりの記憶を、しっかりと胸にとどめておきたい。

2011/05/10

2011/08/10

2011/08/11

2011/08/11

2011/08/11

防災対策庁舎
立入禁止
2011/08/11

東日本大震災犠牲者之
2011/08/11

24歳で亡くなった遠藤未希さんが、最後まで避難を呼びかけ続けた南三陸町防災対策庁舎。

2011/11/11

児童教員あわせて84名が犠牲になった大川小学校（石巻市）。
津波が襲ったとされるのは15時36分、校内の時計は38分で止まっていた。

2011/11/11

2011/11/11

2011/11/11

大川小学校校舎前に建てられた母子像。

2011/11/11

2011/11/11

2011/11/11

石巻市立 大川小学校
2011/11/11

何かを、誰かを捜すように歩きまわる女性。

2011/11/11

2011/11/12

2011/11/13

2011/11/13

2011/11/13

2011/11/13

2011/11/13

2011/11/13

大槌町立
安渡小学校
2011/11/13

上／陸前高田市の仮設住宅。
下／この頃になるとタクシーではなくレンタカーで移動した。

2011/11/13

2011/11/13

2011/10/01

2011/11/13

2011/11/13

心は一
2012-01-17

高野山真言宗兵庫青年教師会
2012-01-17

2012/02/21

2012/02/21

KATO
7

宮城県気仙沼合同庁舎

現地で知り合った、シングルマザー。彼女たちとは現在も交流が続いている。

被災地に舞う、黄色いハンカチ。「幸福の黄色いハンカチ」を撮った山田洋次監督が、同映画のファンだという住人に贈った丸太の柱に、38枚のハンカチが掲げられた（陸前高田市）。

東日本大震災
大川小学校被災学
石巻市立
2012/03/09

2012/03/10

2012/03/09

公立志津川病院
2012/03/10

お好み焼
特製
フランクフルト
2012/03/11

2012/03/11

東日本大震災犠牲者之霊
2012/03/11

2012/03/11

東北観光博
2012/03/11

東日本大震災復興支援イベント in 仙台空港
東北観光博 × 東北は負けない
2012/03/11

2012/03/11
東日本大震災犠牲殉難精霊位追善供養
東日本大震災犠牲者追悼之妙塔
東日本大震災復旧復興祈願天下泰平国土安穏

慈生院法妙安東日本大震災徳二萬余名
2012/03/11

2012/03/11

12年がたっても

「悼」という漢字は、「いたむ」、そして「かなしむ」とも読むそうです。
12年がたっても、かなしい。そんな気持ちを込めて、写真集のタイトルに選びました。現在、現地に行くと綺麗に復興して、当時の面影を見つけることはほとんどできません。

表紙に選んだのは有名な、奇跡の一本松（陸前高田市）。これは不思議な木で、この世の終わりに立つ一本の木のようにも、希望に溢れる木のようにも見えます。
今回、写真集を作るために写真を眺めていると——震災から間がない頃の写真は、どうしても報道写真と似たような（どこかで見たことがあるような）写真も多い印象ですが、それが少し時間がたった頃に撮ったものは、撮り手ならではの視点が出てきている気もします——もしかすると、どこにも残されていない写真がこの中にはあるかもしれない、そんな想いも頭をよぎりました。

最後に。写真集を編むために、多忙の中で全面的に協力してくれた長男・伸寛と長女・優子、そして百年書房の藤田氏に心より感謝します。

2023年2月　森田伸治

森田伸治（もりた しんじ）

1933（昭和8）年、東京都豊島区生まれ。大学卒業後、都内カメラ製造会社勤務を経て、1963年に兵庫県伊丹市にフクモリカメラを創業。2015年に引退するまで52年間、写真業に携わった。2011年10月、芦屋市のギャラリー喫茶「リベラル」で被災地写真の個展を開催。現在は兵庫県宝塚市在住。

協力／**スタジオ ひろ**

1963年に開業したフクモリカメラ（現 有限会社フクモリ）のスタジオ部門。
2015年から森田伸治の長男・森田伸寛が代表を務める。
住所：兵庫県伊丹市昆陽南1丁目1-5-102

悼　私の見た東日本大震災

2023年2月　発行

著　者　森田伸治
協　力　スタジオ ひろ
制　作　毎日文化センター
〒100-0003　東京都千代田区一ツ橋1-1-1毎日新聞社1階
TEL　03-3213-4768
https://www.mainichi-ks.co.jp/m-culture/
発　行　株式会社百年書房
〒130-0021　東京都墨田区緑3-13-7 日の本ビル701
TEL　03-6666-9594
https://100shobo.com
印刷製本　シナノ書籍印刷株式会社

ISBN978-4-910489-43-8